AF591727

TRIDUUM

CÉLÉBRÉ EN L'HONNEUR DU

B. JEAN-GABRIEL PERBOYRE

Dans l'Église Saint-Pierre de Montrouge

PANÉGYRIQUE

Prononcé le Lundi 2 Juin 1890

Par M. l'abbé A. PETITDEMANGE

VICAIRE A LA PAROISSE

PARIS

J. MERSCH, IMPRIMEUR

22, PLACE DENFERT-ROCHEREAU

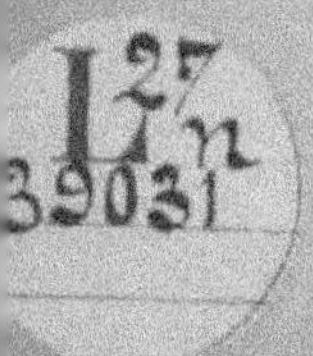

PANÉGYRIQUE

DU

B. JEAN-GABRIEL PERBOYRE

TRIDUUM

CÉLÉBRÉ EN L'HONNEUR DU

B. JEAN-GABRIEL PERBOYRE

Dans l'Église Saint-Pierre de Montrouge

PANÉGYRIQUE

Prononcé le Lundi 2 Juin 1890

Par M. l'abbé A. PETITDEMANGE

VICAIRE A LA PAROISSE

PARIS

J. MERSCH, IMPRIMEUR

22, PLACE DENFERT-ROCHEREAU

PANEGYRIQUE

DU

B. JEAN-GABRIEL PERBOYRE

> *Hic venit in testimonium, ut testimonium perhiberet de lumine.*
>
> Il vint pour servir de témoin, pour rendre témoignage à la lumière.
>
> Ev. de S. Jean, ch. 1, v. 7.

MES BIEN CHERS FRÈRES,

Cette parole, par laquelle le disciple bien-aimé saluait le Précurseur du Christ, résume admirablement la vie du saint martyr dont nous célébrons, en ces jours, les vertus et le triomphe. Le B. Perboyre reçut au baptême, vous le savez, les prénoms de *Jean-Baptiste* et de *Gabriel* et, s'il conserva cette virginale pureté qui le rapproche de l'archange, il sut aussi marcher sur les traces du saint précurseur et l'imiter dans sa pénitence, dans son humilité, dans son zèle pour la gloire de Dieu. Presqu'à vingt siècles de distance, ils furent, tous deux, d'illustres *témoins* de Jésus-Christ. « Depuis la venue du Messie, dit éloquemment saint Augustin, Dieu a ainsi disposé les choses dans le conseil éternel de sa sagesse : désormais, ne sera sauvé que celui qui, dans la mesure de grâce attachée à son état, aura rendu témoignage au Sauveur. Tous les saints qui sont au ciel n'y sont qu'en vertu de ce titre : les apôtres n'y sont assis sur des trônes de gloire que parce qu'ils ont rendu au Fils de Dieu le témoignage de la *parole*, en prêchant son nom ; les martyrs n'y sont couronnés que parce qu'ils lui ont rendu le témoignage de leur *sang*, en souffrant et en mourant pour Lui ; et les confesseurs n'y portent, comme confesseurs, des palmes en leurs mains que parce qu'ils lui ont rendu le témoignage de leur *foi*, en conformant leur vie à son Évangile. »

Voyez, mes Frères, comme les paroles de l'évêque d'Hippone conviennent bien, et à saint Jean-Baptiste, et au B. Jean-Gabriel. Le Précurseur du Messie vint pour rendre témoignage à la lumière, *ut testimonium perhiberet de lumine*. Il fut témoin du Christ par sa foi constante et inébranlable, par son amour des humiliations, par les austérités de sa pénitence. Il fut témoin du Christ dans sa prédication, car il proclama hautement la divinité du Verbe, cachée sous les voiles de l'humanité. Il fut témoin du Christ par sa glorieuse mort, puisqu'il versa son sang pour défendre la vérité et affirmer les droits de l'éternelle justice. Ainsi en est-il de notre Bienheureux. Il rendit, au Sauveur Jésus, le triple témoignage de sa *Foi*, de sa *Parole* et de son *Sang*: le témoignage de sa foi, en confessant Jésus-Christ, par l'innocence de ses mœurs, par l'édification de sa vie, par la ferveur de sa prière et l'héroïsme de sa pénitence; le témoignage de sa parole, en consacrant, à la direction spirituelle de la jeunesse, les prémices de son sacerdoce ; à la formation des clercs, les lumières surnaturelles de son âme ; à l'évangélisation des Chinois infidèles, les trop courtes, mais fécondes années de son apostolat ; enfin, le témoignage de son sang, en couronnant, par un long et douloureux martyre, les peines et les labeurs d'une vie consacrée sans réserve à la gloire de Dieu et au salut des âmes.

Telles sont les pensées qui feront tout le

partage de notre entretien et l'objet de votre attention. Mais, louer de si hautes vertus, décrire brièvement une vie si saintement remplie, tracer avec fidélité le portrait de ce héros de l'amour divin, me paraît une tâche trop lourde pour ma faible éloquence. Que le divin Esprit, qui n'a cessé de l'animer ici-bas, vienne en ce moment éclairer mon intelligence de sa vive lumière, qu'un rayon parti du Sacré Cœur de Jésus vienne réchauffer mon pauvre cœur et fasse pénétrer et fructifier ma parole en vos âmes. Je lui demande humblement cette grâce par l'intercession de Marie, la Reine des martyrs. Implorant à cette heure son maternel secours, je la salue au nom de tous. « Un *Ave Maria* bien dit, répétait souvent notre Bienheureux, vaut mieux que toute la science du monde! »

I.

Un des grands orateurs sacrés de notre siècle, à la fin d'un de ses discours, jetait vers les cieux cet ardent appel, cette prière qui, spontanément, jaillissait de son âme: « Seigneur, donnez-nous des saints! » Il avait raison; il pensait juste. Plus que les conquérants, plus que les diplomates, plus que les hommes d'état, les saints sont la vraie gloire d'un pays et font sa véritable grandeur. La terre qui les produit, fertilisée par la grâce d'en haut, porte en son sein une semence féconde de bénédictions; elle possède une marque de l'élection divine et un gage de prospérité.

Lorsqu'à la fin du XVIIIe siècle, au plus fort de la tourmente révolutionnaire, les plus saintes victimes montaient sur l'échafaud; lorsque le sang le plus pur de France coulait à flots, versé par des mains impies; quand, au lieu des exécutions, une populace en délire applaudissait en voyant tomber les plus nobles têtes, au-dessus des clameurs de la multitude, s'élevait, vers le ciel, un concert de voix suppliantes : voix des pontifes égorgés, voix des religieux et des prêtres, voix des carmélites brusquement arrachées de leur cloître, voix des chrétiens de tout rang, massacrés en haine de la foi, et toutes ces voix s'unissaient dans une même prière : « Seigneur, prenez notre vie, notre sang, mais sauvez notre malheureuse patrie! » La prière des martyrs toucha le cœur de Dieu. Comme après le déluge, il fit paraitre son arc dans les cieux; il montra, par un signe, qu'une fois encore, il pardonnait à la nation coupable; il fit germer des saints sur notre terre de France! Les saints, qui reflètent si bien en leur âme les perfections divines, sont, pour une nation repentante, un signe de paix et de réconciliation!

Le Concordat était signé depuis six mois à peine; le culte catholique reparaissait dans nos villes et nos campagnes; l'Église de France travaillait avec ardeur à réunir les pierres dispersées du sanctuaire; le droit de cité avait été rendu à Dieu; il venait de rentrer en triomphe dans ses temples longtemps profanés, quand, dans un hameau du diocèse de Cahors, naquit le Bienheureux dont nous célébrons la mémoire.

C'était le 6 janvier 1802, fête de l'Épiphanie. Dans l'église paroissiale de Montgesty, on chantait la messe du jour : « *Surge et illuminare, Jerusalem...* Lève-toi, Jérusalem, toute resplendissante de beauté, car voici la lumière, voici que la gloire du Seigneur se repose et brille sur toi! » Et, pendant que les voix graves et sympathiques des campagnards, faisant vibrer les vitraux de la vieille église, montaient vers les cieux, au bourg du

Puech, à quelque distance de là, venait au monde un enfant qui devait, un jour, rendre témoignage à la lumière, *hic venit in testimonium...* qui devait, plus tard, porter aux nations infidèles le flambeau de l'Évangile, étendre au loin le règne du Christ, et féconder, de son sang, ses glorieuses conquêtes.

Le lendemain, 7 janvier, de pieuses mains portaient le nouveau-né aux fonts baptismaux, et l'on plaçait son âme toute pure et régénérée sous le double patronage de saint Jean-Baptiste et de saint Gabriel. Peut-être, comme autrefois dans la maison de Zacharie, près du berceau du précurseur, les parents et les amis de la famille se demandèrent-ils en contemplant le visage du petit baptisé, tout rayonnant de la grâce divine : « Que pensez-vous que sera cet enfant? *Quis putas, puer iste erit?* » Témoin invisible de cette scène, l'archange Gabriel eût pu répondre à cette question comme il le fit pour le fils de Zacharie : « *Erit magnus coram Domino.* Cet enfant sera grand devant le Seigneur. »

Jean-Gabriel sera grand devant Dieu : il n'aura pas cette grandeur du monde que donne l'éclat de la naissance : ses parents sont d'humbles cultivateurs. Il ne possèdera pas cette grandeur factice que procure la richesse : le patrimoine paternel ne fournit que de modestes revenus. Il ne poursuivra pas cette éphémère et fugitive grandeur qu'ambitionnent les mondains et pour laquelle hélas! ils sacrifient, sans compter, leur repos, leur tranquillité, leur vie entière et le salut de leur âme ; non, Jean-Gabriel passera, sur cette terre, caché, oublié, ignoré. Il sera, pendant sa vie, inconnu des hommes, mais grand devant Dieu!

Il aura cette céleste grandeur que donne le baptême à l'âme régénérée, cette sainte élévation qui découle de l'adoption divine, cet éclat surnaturel qu'apporte au chrétien son titre d'enfant de Dieu et de l'Eglise. Il sera grand par ses vertus, par sa foi toujours inébranlable, par son inviolable fidélité à Dieu, grand par les trésors de grâce accumulés en son âme, par sa parfaite conformité avec le Sauveur; grand enfin par ses travaux, par ses souffrances, par son martyre, par ses miracles! *Erit magnus coram Domino!*

Il est venu en ce monde pour servir de témoin au Christ Jésus, *hic venit in testimonium,* et, dès sa plus tendre enfance, il lui rend le *témoignage de sa foi*. La lumière de la raison vient à peine de s'éveiller en lui et, déjà, il conforme ses pensées, ses paroles, ses actions, aux pensées, au langage et aux actions du Sauveur. Il écoute avec attention les prières qu'on lui apprend et les redit avec ferveur; on le voit, dans l'église de Montgesty, prosterné devant le tabernacle et, tellement absorbé par la pensée de la divine présence, que rien ne le peut distraire. « On aurait marché sur lui, disent ceux qui l'ont vu, qu'il n'y aurait pas pris garde. » Parfois, on surprend le petit pâtre, agenouillé dans les champs, pendant que paissent ses brebis, et récitant son chapelet avec une ardeur toute séraphique.

Son recueillement est habituel; pour le garder, il exerce sur ses sens la plus continuelle vigilance; il fuit les frivolités et les amusements du jeune âge; il a la plus grande horreur du péché; entend-il une parole légère, de suite on voit couler ses larmes; elles débordent de son cœur brisé. Sur toutes choses il veut que Dieu soit le mieux connu et aimé : il catéchise ses frères, ses sœurs et d'autres enfants du voisinage, venus pour s'édifier auprès de lui; parfois, en l'absence du curé, il explique, à ses petits camarades, les vérités de la religion ; il excite leur attention par un trait de la vie des saints, de celle surtout de saint Vincent de Paul qu'il affectionne particulièrement. Le dimanche, au retour des offices, sur la demande qu'on lui en fait, il rend compte de l'instruction à ceux qui ne l'ont pas entendue. Il surprend tout le monde par la facilité de son élocution et charme ses auditeurs par l'onction de sa parole. Un jour, son père l'entend discourir des choses de Dieu. « Puisque tu prêches si bien, il faut te faire prêtre. » Jean-Gabriel ne répond pas, mais de grosses larmes s'échappent de ses yeux. Monter au saint autel, tenir entre ses mains l'adorable Victime, lui semble, tant il est humble, un rêve trop beau, un vœu presque irréalisable. Il se réalisera pourtant, car telle est la volonté de Dieu ! Louis, l'un des frères de notre bienheureux, manifeste à ses parents le désir d'entrer dans l'état ecclésiastique. Son père l'envoie auprès de M. Jacques Perboyre, son oncle, supérieur du petit séminaire de Montauban. Toutefois, cet enfant est d'une santé délicate : Jean-Gabriel l'accompagne pour l'aider à s'habituer à ce nouveau genre de vie. Le bon oncle, charmé des qualités de ses neveux, les garde tous deux auprès de lui : sage et expérimenté, il a discerné deux âmes sacerdotales.

Tel s'était montré Jean-Gabriel sur les bancs de l'humble école de Montgesty ; tel il fut au petit séminaire. Attentif aux leçons de ses maîtres, ne laissant échapper aucune occasion de leur être agréable, il répond à leur dévouement par une application soutenue.

Il sait conquérir les premières places, obtenir toujours les premiers prix et, au milieu de ses succès, gagner avec l'estime de ses maîtres l'affection de ses camarades que charme sa modestie. Ses rares et solides qualités le font aimer et respecter de tous. Sa vue seule calme les querelles, apaise les dissensions, met fin aux enfantillages et aux légèretés. « Soyons sages, dit-on en l'apercevant, voici le petit Jésus ! » Et ce nom ne lui est pas seulement donné à cause de son extérieur aimable et gracieux, mais parce qu'il retrace en lui les vertus du divin Enfant. Imiter son Sauveur de plus près, tel est, en effet, le but constant de ses efforts. On lui fait un jour remarquer que son lit est mal arrangé, qu'il aura bien de la peine à dormir. « Pensez-vous, répond-il, que Jésus-

Christ n'était pas plus mal couché sur la croix! »

Son application pour les sciences ne lui fait pas perdre de vue son avancement spirituel. Persuadé qu'un jeune homme ne peut conserver sa foi et sa vertu qu'en priant et en se mortifiant, il porte le cilice, il ensanglante, par de rudes disciplines, sa chair virginale; il jeûne deux fois par semaine : le vendredi, pour s'unir aux souffrances du Sauveur, le samedi, pour honorer la sainte Vierge; il se confesse souvent et communie tous les dimanches et les fêtes; ses meilleurs jours sont ceux où il a le bonheur de recevoir la sainte Eucharistie. Regardez-le pendant son action de grâces; vous pourriez croire que, pour lui, le sacrement n'a plus de voiles et qu'il contemple son Sauveur face à face, tant son visage exprime de joie pure, de paix, d'amour et de reconnaissance.

Après son cours de rhétorique, qu'il poursuit avec la plus brillante distinction, il commence sa philosophie. Il se livre avec ardeur à cette nouvelle étude et acquiert, par là, cette rectitude de pensée, cette facilité de conception, cette solidité de jugement qu'il fera plus tard paraître dans son enseignement théologique et dans ses interrogatoires devant les mandarins de Chine. La Chine! Il semble que, déjà, le jeune humaniste l'ait entrevue et saluée comme le lieu de ses combats futurs et de ses conquêtes. « Je veux être missionnaire! » disait-il en 1817. Cette pensée de l'apostolat ne le quitte plus et, comme à la fin de la rhétorique, le professeur donne, en composition de prix, ce sujet littéraire « la croix est le plus beau des monuments, » Jean-Gabriel laisse, en des pages émues, déborder toute son âme; il dépeint avec chaleur les fatigues et les souffrances du missionnaire; il salue avec enthousiasme le bois sacré qui apporte au monde la paix, la lumière et la régénération. « Ah! qu'elle est belle cette croix plantée au milieu des terres infidèles et souvent arrosée du sang des apôtres de Jésus-Christ! » Patience! ô saint jeune homme, vous-même irez la planter un jour sur les rives lointaines; vous l'empourprerez de votre sang; comme pour le Christ, elle sera, pour vous, l'instrument du supplice, le trône de votre gloire, l'ornement de votre triomphe!

Mais l'heure du combat n'est pas encore venue; notre saint doit se préparer, dans le silence et la prière, aux luttes de l'avenir. Il fait une neuvaine en l'honneur de saint François-Xavier et, l'âme éclairée d'une lumière surnaturelle, assuré désormais que Dieu l'appelle à la conversion des idolâtres, il sollicite son entrée dans la Congrégation de la Mission. Il y est admis par les supérieurs et commence son séminaire interne, en décembre 1818.

Pour se former à la vie du missionnaire, il cherche de plus en plus à se remplir de l'esprit de Notre-Seigneur et de saint Vincent de Paul. Immolation totale à Dieu, humilité profonde par rapport à lui-même, continuelle charité envers les autres, voilà comment peuvent se résumer ses deux années de noviciat. Touchante coïncidence! le fervent novice est appelé à la profession vers la fin de l'année 1820 et à cette époque, à quatre mille lieues de là, sur la terre de Chine, dans la province du Hou-Pé, le V. François Clet tombe sous le glaive et les coups des sicaires chinois. En expirant, il demande à Dieu de ne pas laisser inculte le sol qu'il a détrempé de ses sueurs et arrosé de son sang et le Seigneur, dans son éternelle sagesse, a déjà marqué au front et désigné par avance l'héritier du vaillant martyr. C'est ce jeune homme qui s'avance vers l'autel le 28 décembre 1820, qui, en la fête des saints Innocents, immole totalement sa volonté par le vœu d'obéissance, offre son corps en sacrifice par le vœu de chasteté, renonce aux biens du monde par le vœu de pauvreté et promet solennellement de s'employer jusqu'à la mort au salut des infidèles !

Le nouveau profès est appelé à Paris par ses supérieurs pour commencer ses études théologiques. Son oncle lui propose d'aller visiter sa famille avant son départ : « Saint Vincent de Paul, répond-il, ne s'est rendu qu'une seule fois chez ses parents et il s'en est repenti ; si vous le permettez, j'offrirai à Dieu ce sacrifice ! » Il part donc. Mais, à Cahors où par obéissance il s'arrête deux jours, il retrouve ses parents, venus pour le saluer à son passage. On fait mille instances pour l'entraîner au Puech. Il serait bien doux pour son cœur aimant de revoir le toit paternel, les champs où paissait son petit troupeau, le clocher de Montgesty, l'église où il fut baptisé, l'autel où il fit sa première communion...! Il résiste aux supplications les plus touchantes, aux larmes de son vieux père. A sa chère mère qui lui montre la route du Puech, il répond doucement : « Non, non, ce n'est pas le chemin du ciel; pour aller au ciel, il faut faire des sacrifices! » Et s'arrachant à leur tendresse, embrassant une dernière fois ses parents bien aimés, le cœur ému et brisé, certes, mais tout joyeux de son immolation, il part où Dieu l'appelle, il prend le chemin de l'obéissance, le chemin du sacrifice et (il le pense tout bas) « c'est le chemin le plus court pour aller en Chine, au martyre, au ciel! »

II.

Son vœu le plus ardent ne se réalisera, toutefois, qu'après de longues années. Ordonné sous-diacre en 1823, il est envoyé par ses supérieurs au collège de Montdidier en qualité de professeur. Là, comme partout ailleurs, il répand la bonne odeur de Jésus-Christ. Professeurs et élèves admirent sa douce piété, sa modestie angélique, sa charité ingénieuse et féconde. Les pauvres des faubourgs et les prisonniers de la ville conservèrent longtemps le souvenir de ce jeune ecclésiastique qui passait, parmi eux, comme un ange consolateur, leur prodiguant avec les secours temporels les paroles d'édification et les consolations spirituelles. Au retour de ses charitables visites, on le voyait parfois, le visage souriant et comme transfiguré. « Je suis comblé de joie, disait-il, je viens de faire ce que faisait notre saint Fondateur. »

A la fin de l'année 1825, une nouvelle vint le remplir tout à la fois de bonheur et de crainte. C'était comme la voix de l'archange, lui disant comme à la Vierge Marie : « Celui qui naîtra par vous sera appelé l'Emmanuel. » Ses supérieurs le rappelaient à Paris, pour qu'il se préparât à recevoir le sacerdoce. Mgr Dubourg lui imposa les mains, le 23 septembre 1825, en la chapelle des Filles de la Charité. Dans ce sanctuaire, où, cinq années plus tard, la très sainte Vierge devait apparaître miraculeusement, reposaient alors les reliques de saint Vincent de Paul, gardées par l'amour de ses filles. C'est auprès de ces ossements vénérés que le futur martyr célébra sa première messe. Notre-Seigneur connaît seul avec quelle ferveur et quels élans d'amour il offrit le saint sacrifice. Quelle joie céleste, lorsqu'il tint, élevée entre ses mains consacrées, l'hostie sans tache, lorsque, la contemplant à travers ses larmes, il put dire comme le saint précurseur : « *Ecce Agnus Dei*... voici l'Agneau de Dieu, voici Celui qui efface les péchés du monde! »

Qui retracera les douces émotions de son action de grâces, l'expression de sa reconnaissance envers le Seigneur? En face de ce nouveau prêtre agenouillé, les ossements de saint Vincent de Paul durent tressaillir de joie dans le reliquaire d'or où ils reposaient. Il dut s'établir entre ces deux âmes de saints, entre l'âme du père et l'âme du fils, un de ces délicieux colloques qu'une bouche humaine ne peut redire, car ils sont du ciel. « Père, père, Notre-Seigneur Jésus n'est pas assez aimé sur la terre! — Non, mon fils, l'Amour n'est pas aimé! Travaille, je t'en prie, à gagner des cœurs à Jésus, à étendre le règne du Sauveur! — Mais, père, comment? — Par la croix et par le martyre! va, mon fils, jusqu'aux extrémités du monde, va convertir les infidèles, va gagner des âmes! — Vive Jésus! oui, père, j'irai! »

La pensée du martyre ne le quitte plus, il veut à tout prix servir de témoin au Sauveur *hic venit in testimonium*, mais, avant de verser son sang, il doit rendre au Christ le *témoignage de sa parole*.

Aux foules nombreuses qui, avides de l'entendre, se pressaient sur les rives du Jourdain le saint précurseur répétait sans cesse : « Le royaume de Dieu approche... préparez la voie du Seigneur ; aplanissez les sentiers par où il doit passer... faites pénitence !... Il en est un, au milieu de vous, que vous ne connaissez pas ! » Tels sont aussi, en résumé, les enseignements de notre B. Jean-Gabriel, tel est le témoignage qu'il rend à la Vérité. Directeur au grand séminaire de Saint-Flour, il ne cesse d'inspirer, à ses dirigés, une sublime idée du sacerdoce : « *Parate viam Domini*. Préparez-vous, par l'oraison, par la pénitence, par la fidélité à votre règle, à la sainte mission que Dieu vous destine ; profitez bien des grâces de votre séminaire afin d'être, plus tard, d'utiles serviteurs de l'Église, de vrais ministres de Dieu, des Sauveurs, d'autres Jésus-Christ !... Ne quittez pas la sainte Vierge, soyez toujours assidus auprès d'elle ; par ce moyen, vous deviendrez d'autres Christs et vous pourrez dire avec vérité que vous êtes les frères de Jésus et les enfants de Marie ! »

Deux ans après son arrivée à Saint-Flour, nommé supérieur de pensionnat, notre Bienheureux sait, par sa bonté et sa douceur, gagner l'affection de tous ses élèves ; par sa parole, pleine de foi et d'esprit surnaturel, il éclaire leur esprit, il forme leur cœur, il corrige et ennoblit leur caractère, il prépare à l'Église toute une génération de prêtres distingués et de chrétiens fervents. Rappelé ensuite à Paris pour diriger le noviciat de sa congrégation, il s'applique, avec zèle et prudence, à la formation des jeunes missionnaires. Plus encore par ses exemples que par ses paroles, il leur prêche l'union à Dieu, le détachement, la charité, l'esprit de sacrifice. Un jour, il les réunit dans la salle des conférences, et, leur montrant une corde et un habit ensanglantés : « Voilà, leur dit-il, l'habit d'un martyr, l'habit de M. Clet ; voilà la corde avec laquelle il a été étranglé. Oh ! quel bonheur, si nous avions, un jour, le même sort ! » Et, après l'entretien, prenant à part un séminariste, il lui dit : « Priez bien pour que ma santé se fortifie et que je puisse aller en Chine afin de prêcher Jésus-Christ et de mourir pour Lui ! »

Dieu connaît cet ardent désir, mais il veut, comme pour saint Paul, élever son serviteur au troisième ciel, avant de lui faire affronter les fatigues et les souffrances de l'apostolat. Ecoutez ce trait : notre saint célébrait la messe, un matin, à l'autel du Sacré-Cœur, lorsque au moment de la consécration, son servant l'aperçoit, élevé de terre, immobile, les mains étendues, et ravi en extase. Le saint sacrifice achevé, le serviteur de Dieu, alarmé dans son humilité, fit promettre au jeune clerc de garder inviolablement ce secret. M. Pierre-Marie Auber, prêtre de la Mission, mort en 1887 supérieur de la maison d'Amiens, fut fidèle au silence promis, tant que vécut le Bienheureux ; mais, après le martyre de son héroïque confrère, il manifesta, pour la plus grande gloire de Dieu, le prodige dont il avait été témoin.

Après quinze années d'attente, le vœu le plus cher de Jean-Gabriel se réalise enfin ! Vainement on lui oppose la faiblesse de son tempérament, l'exemple de son jeune frère Louis, mort pendant la traversée en naviguant vers la Chine ; vainement on lui allègue les services importants qu'il rend au noviciat, rien ne peut ébranler sa détermination. Il apprend qu'on va envoyer des missionnaires en Orient ; il va se jeter aux pieds du supérieur général, il le supplie avec larmes de le laisser partir. Le conseil se réunit, la majorité donne une réponse négative; le médecin du séminaire est consulté, il s'oppose formellement au départ. Mais notre saint conjure Marie, sa bonne Mère; sa cause n'est pas perdue : la sainte Vierge peut tout! Le lendemain 2 février 1835, fête de la Purification, le docteur, qui n'avait pas dormi de la nuit, craignant de s'être trompé, vient de grand matin révoquer sa décision première, et le conseil approuve le départ de Jean-Gabriel pour la Chine.

Après avoir fait ses adieux à ses confrères et les avoir bénis, après s'être agenouillé une dernière fois auprès des reliques de son B. Père saint Vincent, il part pour le Havre où il arrive le 16 mars. Il s'embarque à bord de l'*Edmond* et le samedi 21 mars, sous les auspices de la Reine des martyrs, il quitte les rives de France. Trois mois après, le 29 juin, il arrive à Batavia. Il repart le 5 juillet, à bord du *Royal-Georges* à destination de la Chine. C'est le 29 août (encore un samedi), qu'il arrive à Macao, le jour de la fête du martyre de saint Jean-Baptiste, son glorieux patron. En touchant le sol chinois, il laisse déborder de son âme l'expression de sa joie et de sa reconnaissance : « M'y voilà, écrit-il peu après son arrivée, m'y voilà, et béni soit le Seigneur qui m'y a lui-même conduit et porté! » Après quatre mois de séjour à Macao, consacrés à la prière et à l'étude de la langue chinoise, Jean-Gabriel est désigné pour évangéliser le Ho-nan. Déguisé en chinois, la tête rasée, avec une longue queue et des moustaches, il s'embarque pour arriver dans l'intérieur de la Chine. Il aborde sur les côtes du Fou-kiang et passe de nuit les frontières interdites aux étrangers sous peine de mort. En barque, en char, souvent à pied, il met cinq mois pour se rendre à son poste. Il traverse sain et sauf le Fou-kiang et le Kiang-si. Combien il a hâte d'arriver dans sa mission! Aucun obstacle ne diminue son énergie : « J'aurais au besoin grimpé avec mes dents, écrit-il, pour suivre la voie que la Providence m'avait tracée. »

Il parvint dans le Ho-nan vers la mi-juillet 1836 et retrouve là les missionnaires de sa congrégation. Une cruelle épreuve l'atteint, quelques jours après son arrivée. La maladie le saisit et le conduit aux portes du tombeau. N'aura-t-il donc pas la joie d'annoncer Jésus-Christ aux infidèles? N'aura-t-il donc pas le bonheur de verser son sang pour la foi ? Cloué par la fièvre sur sa couche, Jean-Gabriel s'abandonne entièrement au bon plaisir divin, et Dieu, qui le réserve pour des luttes glorieuses, lui rend la santé au bout de trois mois. Aidé par un prêtre chinois, notre bienheureux commence alors sa première mission.

Suivez-le, mes Frères, suivez-le maintenant dans ses courses évangéliques. Il veut, à tout prix, gagner des âmes au Sauveur! Rien ne l'arrête, rien ne l'émeut, rien ne l'effraie, rien n'ébranle son courage, rien ne ralentit son ardeur! Rien, ni les fatigues, ni les privations, ni les dangers de toutes sortes, ni l'intempérie des saisons. J'aime à le voir, arrivant de nuit dans un district du Ho-nan, après douze heures de marche, la barbe toute blanchie par le givre, se reposant à peine avant de monter au saint autel, tant il a hâte de consoler quelques chrétiens par la célébration du saint sacrifice! J'aime à le contempler, bravant les chaleurs de l'été, le visage hâlé, les oreilles et le front pelés sous l'action d'un soleil brûlant, s'épuisant à la recherche et à la conquête des âmes, annonçant aux pauvres infidèles, sans se lasser jamais, le divin Inconnu dont ils ignorent la présence au milieu d'eux : *Medius autem vestrum stetit quem vos nescitis.* Je l'admire, ce vaillant athlète de la foi, dans ses courses à travers le Hou-pé, tombant, épuisé de fatigue et dévoré par la soif, sur une pierre de la route, tirant de sa ceinture un petit crucifix indulgencié, le contemplant dans un sourire et le baisant avec amour, et puisant dans ce regard et dans ce baiser une nouvelle force et un nouveau courage !

Je l'admire plus encore quand la persécution a éclaté, quand la trahison a fait son œuvre, quand les soldats, conduits par les mandarins, viennent s'emparer des chrétiens dénoncés, j'admire, dis-je, cet intrépide serviteur de Dieu, couvrant la retraite de ses compagnons, restant le dernier dans l'église envahie, tel un capitaine de vaisseau qui, le dernier, quitte son bord, quand le navire s'abîme dans les flots. Je l'admire enfin, rendant au Sauveur, devant vingt tribunaux, le témoignage de sa parole, répétant sans cesse malgré les coups, malgré les soufflets, malgré les plus cruelles tortures : « Je suis chrétien ! je suis prêtre catholique ! vous pouvez, si vous le voulez, me faire couper la tête ;

jamais, je ne renoncerai à la foi de Jésus-Christ! » Mes bien chers Frères, payez-lui le légitime tribut de votre admiration et saluez en lui le vaillant défenseur de la vérité, le généreux confesseur de la foi, l'immortel témoin de Jésus-Christ! *Hic venit in testimonium, ut testimonium perhiberet de lumine!*

III.

Témoin du Christ par sa foi, témoin par sa parole, le B. Jean-Gabriel Perboyre l'est encore par son *sang*. Ici, ma tâche devient facile : les preuves abondent, les faits sont multiples. Son sang, il le verse quand, trahi par un néophyte, nouveau Judas, qui le vend pour trente pièces d'argent, il est découvert par les soldats au milieu de la forêt où il s'est caché ; quand les farouches sicaires se jettent sur lui, le saisissent par les cheveux, lui arrachent ses vêtements, lui lient les mains derrière le dos, lui assènent trois coups de sabre sur les épaules, et le conduisent, chargé de chaînes, au marché de Kouang-in-Tang. Il verse son sang quand le premier Mandarin devant lequel il comparaît le fait souffleter par les satellites et frapper de cent coups de bambou, lorsque, sur son refus de renier la foi, il lui fait meurtrir le visage par cinquante coups de lanière de cuir. Il rougit de son sang la barque au fond de laquelle on le jette, pieds et mains liés, pour le transporter à Siang-yang-fou ; les dalles de la prison où on l'enferme dans cette ville ; les chevalets où on l'étend ; les chaînes de fer où, les jambes nues, il reste à genoux pendant de longues heures. Il inonde de son sang la route qui conduit à la capitale du Hou-pé, lorsqu'il marche en plein soleil, ayant la cangue au cou, les fers aux mains et aux pieds. Il verse son sang lorsque le mandarin de Ou-tchang-fou le fait agenouiller sur des fragments de vases ; quand il le force, dans cette position, à tenir sur ses mains élevées une lourde pièce de bois et qu'il le fait frapper rudement quand ses bras viennent à fléchir. Il verse son sang quand le vice-roi de Chine, féroce comme un tigre, le fait suspendre par les cheveux ou attacher par les pouces, pendant un jour entier, à une espèce de croix ; lorsque le tyran fait graver sur le front de la sainte victime, avec une pointe de fer, des mots chinois qui signifient « propagateur d'une secte abominable ». Il verse son sang lorsqu'on élève son corps à l'aide de poulies, pour le laisser retomber ensuite de tout son poids; lorsque les bourreaux, pendant qu'il est agenouillé sur des chaînes, placent sur ses mollets une traverse de bois aux extrémités de laquelle se balancent deux satellites; quand, parce qu'il refuse de fouler aux pieds le crucifix, il est flagellé par le vice-roi lui-même avec tant de haine et de cruauté que sa chair vole en lambeaux et que son corps n'offre plus qu'une plaie. Son sang, il le verse pendant de longs mois, avec joie, avec courage, avec générosité; il le verse, comme le Sauveur, avec une prodigalité touchante; il le verse sans manifester un regret, sans proférer une plainte, sans pousser un soupir; il le verse, en souriant, pour affirmer sa foi, pour montrer son amour envers Jésus-Christ, pour rendre témoignage à la lumière, *hic venit in testimonium.* Témoin du Sauveur, il l'a été depuis son enfance, il l'a été dans sa vie d'écolier, dans sa formation religieuse, dans sa vie sacerdotale et apostolique, il le sera jusqu'au dernier soupir. Que dis-je? Il sera plus qu'un témoin de Jésus-Christ, il en sera une copie fidèle, une image frappante, il sera un « autre Jésus »; il sera un Christ flagellé, injurié, souffleté; un

Christ attaché au gibet, condamné avec les malfaiteurs, expirant sur une croix ! il sera le crucifié du XIXe siècle ! Voyez donc quelle parfaite conformité avec le divin Maître ! Rien ne manque à la passion du B. Jean-Gabriel pour rappeler et retracer la passion du Sauveur, le drame du Calvaire : c'est la trahison du disciple infidèle ; c'est le prix du juste, estimé trente pièces d'argent ; c'est dans la forêt de bambous où le saint est pris, l'épée, sur son ordre, rentrée dans le fourreau ; c'est ensuite une longue et cruelle agonie dans des prisons plus obscures que la grotte de Gethsémani ; c'est le renvoi de tribunal en tribunal ; c'est la rencontre d'un païen généreux, qui, nouveau Cyrénéen, prête assistance au confesseur, couvert de blessures et prêt à défaillir ; ce sont les tourments de toutes sortes : la flagellation, la bastonnade, le fer rouge marquant son front, supplice qui rappelle le couronnement d'épines, ce sont les soufflets, les crachats, les railleries, les plus cruelles injures, c'est la croix enfin où on l'attache un vendredi comme son divin Maître ; la croix sans les clous, sans les épines, sans le coup de lance, oui ! mais avec des raffinements inouïs de cruauté, avec des outrages d'une barbarie révoltante ; la croix avec une soif ardente, avec des liens serrés qui tracent, dans les membres, de bleuâtres et sanglants sillons, avec une strangulation lente, calculée, féroce, qui donne au martyr le temps de se reconnaître et de bien sentir la mort ; c'est la croix avec toutes ses douleurs, ses ignominies, ses luttes suprêmes, mais aussi la croix, avec son éclat, sa victoire, ses clartés brillantes, son glorieux triomphe ! ! !

Le B. Jean-Gabriel meurt sur la croix ; il exhale vers Dieu son âme sainte et pure, et à l'heure même commence sa glorification. Il a confessé Jésus-Christ, et le Sauveur le confesse à son tour. Il a rendu témoignage à la lumière et Dieu, par un signe éclatant, par une lumière miraculeuse, manifeste à tous la sainteté de son serviteur. Cette croix lumineuse qui brille et resplendit dans les hauteurs après la mort du martyr est tout à la fois un gage de sa béatitude, un signe d'allégresse pour le ciel, un signe d'espérance pour la terre. Réjouis-toi, Église triomphante ! Anges de Dieu, prenez vos harpes d'or ! Vertus célestes, entonnez l'hymne de triomphe ! Vous tous, saints et confesseurs, venez au-devant de votre frère victorieux ! Vierges, qui partout suivez l'Agneau, semez sous ses pas les lys et les blanches fleurs, emblèmes de la pureté ! Saintes légions de martyrs, agitez vos palmes dans vos mains, car il a comme vous versé son sang pour l'amour du Christ. Que partout, dans les profondeurs des cieux, retentissent les louanges du vainqueur ! *Laus ejus in Ecclesia sanctorum!* Réjouis-toi aussi, Église de la terre, et tressaille d'espérance! Réponds par tes cantiques et tes acclamations aux angéliques concerts et aux transports de l'Église du ciel ! Chante la gloire de ton fils martyr, devenu désormais ton intercesseur auprès de Dieu, ton soutien et ton protecteur ! Et vous, ô bienheureux Jean-Gabriel, du haut des cieux où vous régnez à jamais, jetez sur votre mère d'ici-bas, un filial regard d'amour et de tendresse ! Faites descendre sur elle les grâces divines et vos fécondes bénédictions ! Bénissez le Vicaire du Christ, le pape Léon XIII, glorieusement régnant, l'illustre Pontife qui vous a fait monter sur les autels et qui semblait prédestiné par Dieu pour vous béatifier, puisque son blason porte : un astre brillant dans l'azur du ciel, et qu'il a pour devise : *Lumen in cælo!*

Bénissez les princes de l'Église et, en particulier, le saint Prélat qui est la tête, le modèle et l'honneur de notre diocèse. Bénissez cette paroisse qui célèbre en ce moment vos vertus et votre gloire, bénissez ses œuvres, ses communautés, ses écoles ; bénissez son vénéré Pasteur dont vous êtes désormais du haut des cieux le nouveau patron et le protecteur, bénissez son clergé, tous ses fidèles et leurs familles. Bénissez surtout les membres de votre congrégation, les fils de saint Vincent de Paul, les Filles de la Charité, car Dieu, en exaltant vos mérites, couronne aujourd'hui leurs propres vertus, leur dévouement, leur zèle infatigable pour l'extension de son règne et le salut des âmes ! Bénissez cette terre de Chine, inondée de vos sueurs et arrosée de votre sang, afin que, sortant des ténèbres de l'erreur, elle marche bientôt au grand jour de la vérité. Bénissez enfin, ô B. Jean-Gabriel, la France, votre chère patrie ! Bénissez-là, afin qu'elle ne meure pas, afin qu'elle se relève, afin qu'elle grandisse, afin qu'elle reste toujours le soldat du Christ, le champion de la vérité catholique, la Fille aînée de l'Église ! *Surge et illuminare, Jerusalem !* Oh ! lève-toi, ma chère France, avance à travers les peuples toute resplendissante des clartés de ton antique foi, portant sur ton front sans rides le signe du Christ! Dieu ne t'a pas abandonnée, Dieu compte encore sur toi, Dieu t'aime toujours! J'en appelle au témoignage de notre saint martyr, *hic venit in testimonium!* Oui, Dieu t'aime toujours, car c'est le sang le plus pur de tes enfants qu'il choisit pour féconder les terres encore païennes; car ce sont tes fils les plus vaillants qui meurent là-bas pour étendre son règne pacifique et porter sa divine lumière; car c'est ton glorieux drapeau qui flotte au loin pour protéger la croix plantée par nos missionnaires; car enfin, malgré tes passagères défaillances, tu demeures, quand même, le sol classique de l'honneur chrétien, de la charité et du dévouement poussé jusqu'à l'héroïsme! *Gesta Dei per Francos!* Oui, Dieu le veut! Dieu veut, ô France, que tu sois à jamais son apôtre et son soldat! Dieu veut que tu règnes sur le monde, par ta foi et par ta charité, par ta science et par ta bravoure; Dieu veut que tu retrouves tes vieilles gloires et que tu reprennes le premier rang parmi les peuples de l'univers. Mes bien chers Frères, travaillez, dans la mesure de vos forces, à accomplir cette glorieuse destinée de la nation française ; restez, quoiqu'il arrive, fidèles à Dieu et à l'Église, et, contribuant pour votre part au relèvement moral de votre pays, vous vous préparerez une brillante couronne dans la céleste patrie. Vous irez, un jour, avec notre bienheureux martyr, chanter les louanges divines dans les clartés et les splendeurs de l'éternité.

Ainsi soit-il.

DIEU SOIT BÉNI !

www.ingramcontent.com/pod-product-compliance
Ingram Content Group UK Ltd.
Pitfield, Milton Keynes, MK11 3LW, UK
UKHW021530260726
13993UKWH00004B/1902